¿Cangrejo o langosta?

Un libro de comparaciones y contrastes
por AnnMarie Lisi

AF228336

Los cangrejos y las langostas son crustáceos acuáticos.

A diferencia de los mamíferos, aves, peces, anfibios o reptiles, los crustáceos no tienen columna vertebral—estos son invertebrados. Ambos tienen esqueletos fuera de sus cuerpos, a los cuales se les llama exoesqueletos. Al igual que los insectos, los cangrejos y las langostas tienen cuerpos segmentados y patas articuladas.

Los cangrejos y las langostas viven en todos los océanos del planeta.

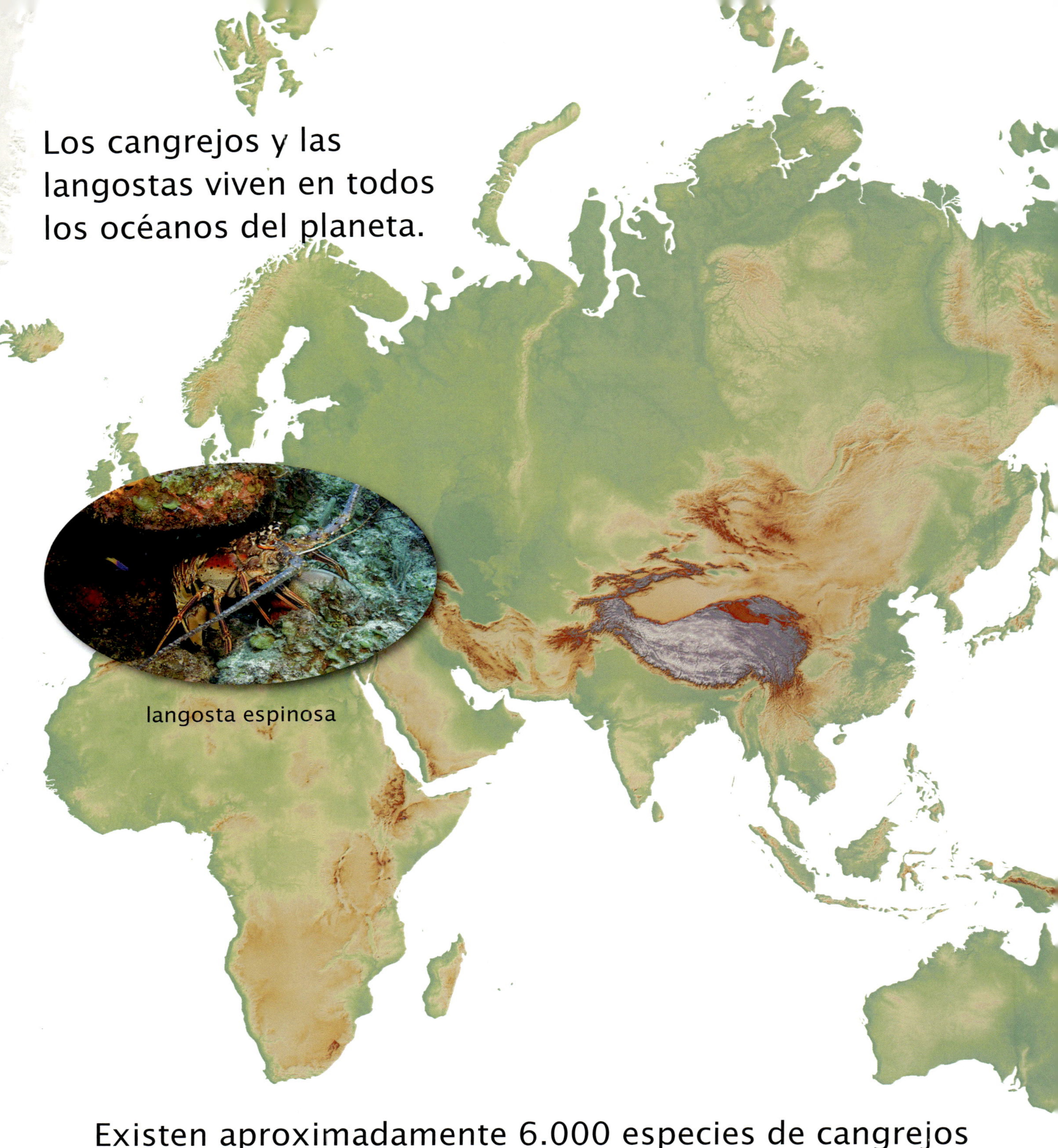

Existen aproximadamente 6.000 especies de cangrejos y alrededor de 80 especies de langostas.

Los cangrejos rojos gigantes de Alaska viven en las aguas heladas del Ártico.

Las langostas de Nueva Inglaterra viven en las aguas más templadas del Atlántico del Norte.

Las langostas espinosas viven en los arrecifes colares de las aguas cálidas de los mares Mediterráneo y Caribe.

Las costas rocosas con pozas son un excelente lugar para buscar cangrejos.

Las langostas viven cerca de la costa, pero generalmente no las encontrarás en pozas.

Estas cuentan con exoesqueletos que les protegen de depredadores como peces grandes o focas.

También se esconden entre las rocas y se mezclan (camuflaje) con sus alrededores para protegerse.

¿Puedes encontrar los cangrejos y las langostas?

Cuando los cangrejos nacen tienen una cola diminuta que les ayuda a moverse a través del agua. Mientras crecen su cola se pliega debajo de su cuerpo.

Conforme los humanos crecemos los huesos crecen con nosotros. Muchos animales no pueden hacer eso. Al igual que las serpientes cambian su piel al crecer, tanto los cangrejos como las langostas crecen mudando o deslizando sus exoesqueletos.

Solo toma unos pocos días para que sus nuevos exoesqueletos se endurezcan. Durante ese tiempo generalmente se ocultan para no ser presas fáciles para los depredadores.

Algunas veces puedes encontrar estas mudas en las playas. ¡Y también hay cangrejos y langostas que se comen sus mudas!

larva de cangrejo

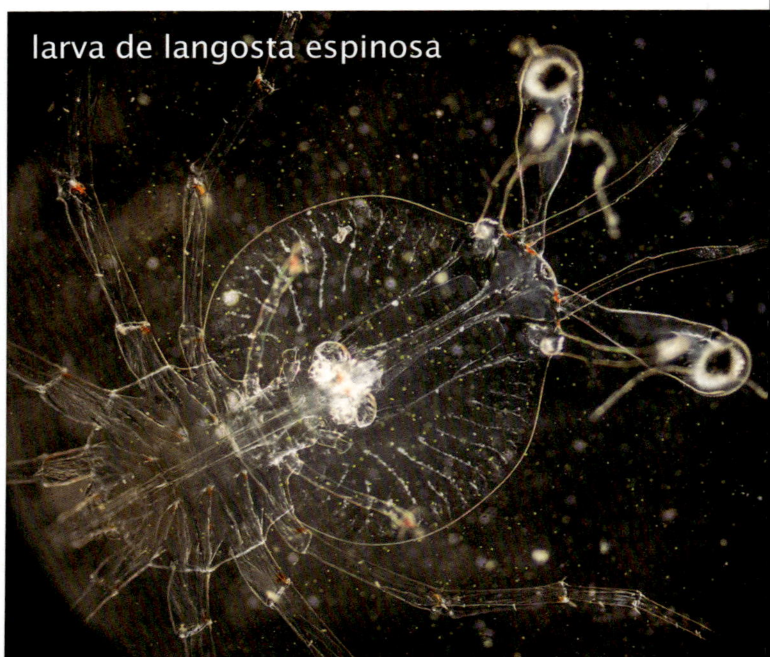

larva de langosta espinosa

muda de cangrejo

muda de langosta

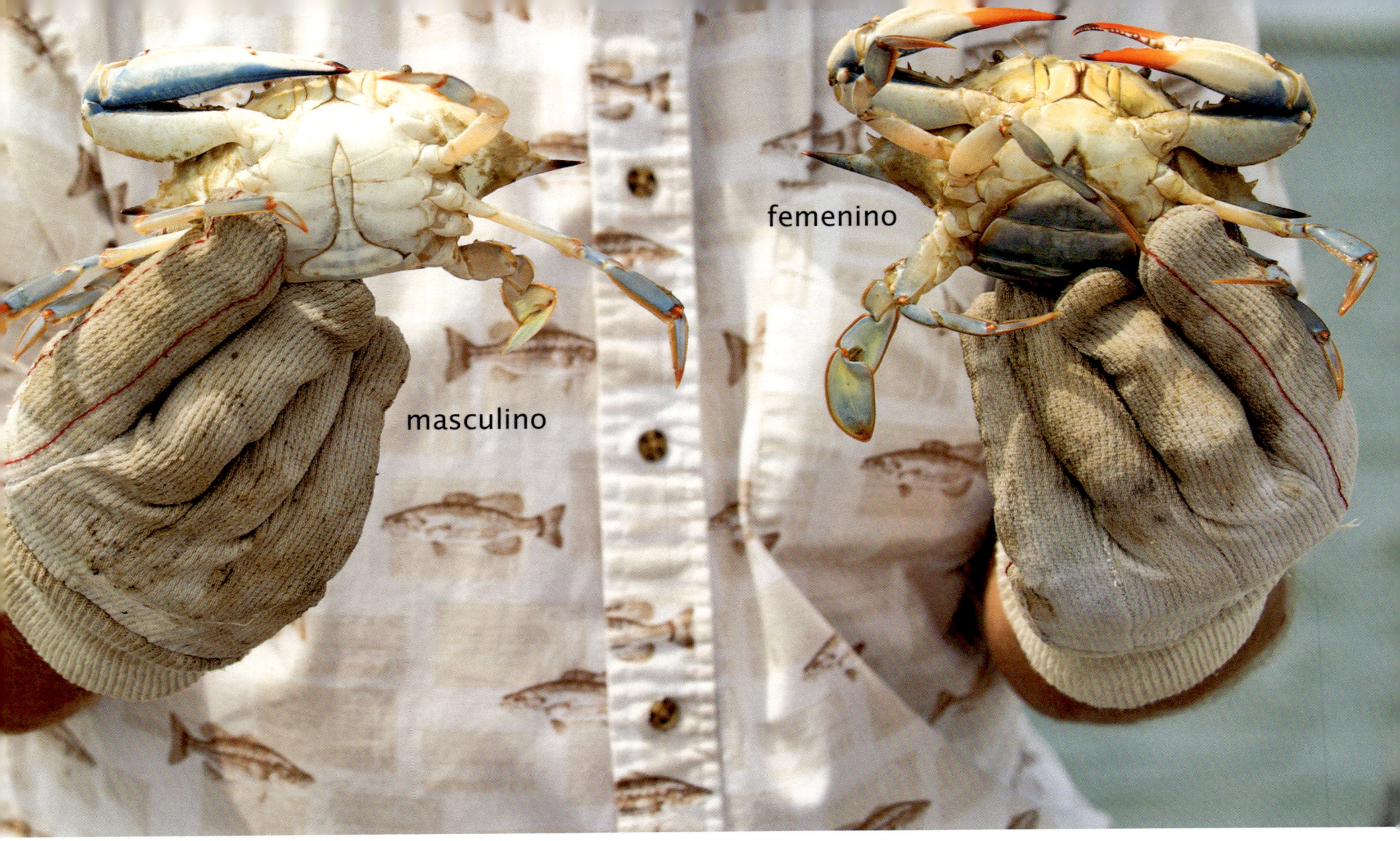

masculino

femenino

Si miras debajo de un cangrejo puedes diferenciar un macho de una hembra detallando su cola.

Los machos generalmente tienen una cola estrecha y puntiaguda.

Las hembras tienen una cola grande con forma de cúpula para almacenar sus huevos.

cangrejo hembra con huevos

Las langostas femeninas también almacenan sus huevos debajo de su cola.

Los cangrejos viven
en aguas saladas,
dulces, o incluso
sobre tierra.

El cangrejo de los cocoteros
vive sobre tierra. Es el
crustáceo más grande y
puede crecer hasta los 3 pies
(1 metro) de ancho.

El cangrejo guisante es el más pequeño con 1/2 pulgadas (2,5 centímetros) de ancho. Este cangrejo es un parásito que vive dentro de las ostras y otros moluscos.

Las langostas viven en
aguas saladas. Pueden
ser encontradas en zonas
rocosas o fangosas cerca
de la costa.

Algunas veces los cangrejos de río son identificados erróneamente como langostas. Aunque ambos están relacionados, los cangrejos de río viven en aguas dulces de lagos, ríos y arroyos, y son más pequeños que las langostas.

La mayoría de las pinzas de los cangrejos tienen el mismo tamaño y forma.

El cangrejo violinista macho es la excepción. Este tiene una pinza grande y otra pequeña. Se le conoce como "violinista" porque su pinza grande luce como un violín. Utilizan su pinza grande para atraer a una pareja.

Las langostas tienen diez patas.

Mira de cerca a las langostas. Notarás que sus patas frontales son pinzas con dos formas diferentes. A la pinza larga y puntiaguda se le llama pinchadora, y a la pinza grande se le llama trituradora.

¡Ahora observa langostas espinosas y notarás que no tienen pinzas grandes!

Además de las pinzas, los cangrejos tienen patas para caminar. Algunas especies de cangrejos tienen "remos" en sus patas traseras para nadar.

Las langostas caminan sobre el fondo del océano. Pueden usar rápidamente su cola para corretear hacia atrás.

Los cangrejos y las langostas tienen sus ojos en la parte alta de unos extremos delgados llamados "pedúnculos". Tener sus ojos sobre los pedúnculos les permite ver con facilidad hacia cualquier dirección, incluso a sus espaldas.

Los cangrejos y las langostas tienen dos conjuntos de antenas. Un conjunto se usa para sentir alrededor de su hábitat. Y el otro se usa para olfatear en el agua con el objetivo de encontrar alimentos.

Para las mentes creativas

Esta sección puede ser fotocopiada o impresa desde nuestra página web por el propietario de este libro, siempre y cuando tenga propósitos educacionales y no comerciales. Visita ArbordalePublishing.com para explorar todos los recursos de apoyo de este libro.

Partes del cuerpo del cangrejo

Partes del cuerpo de la langosta

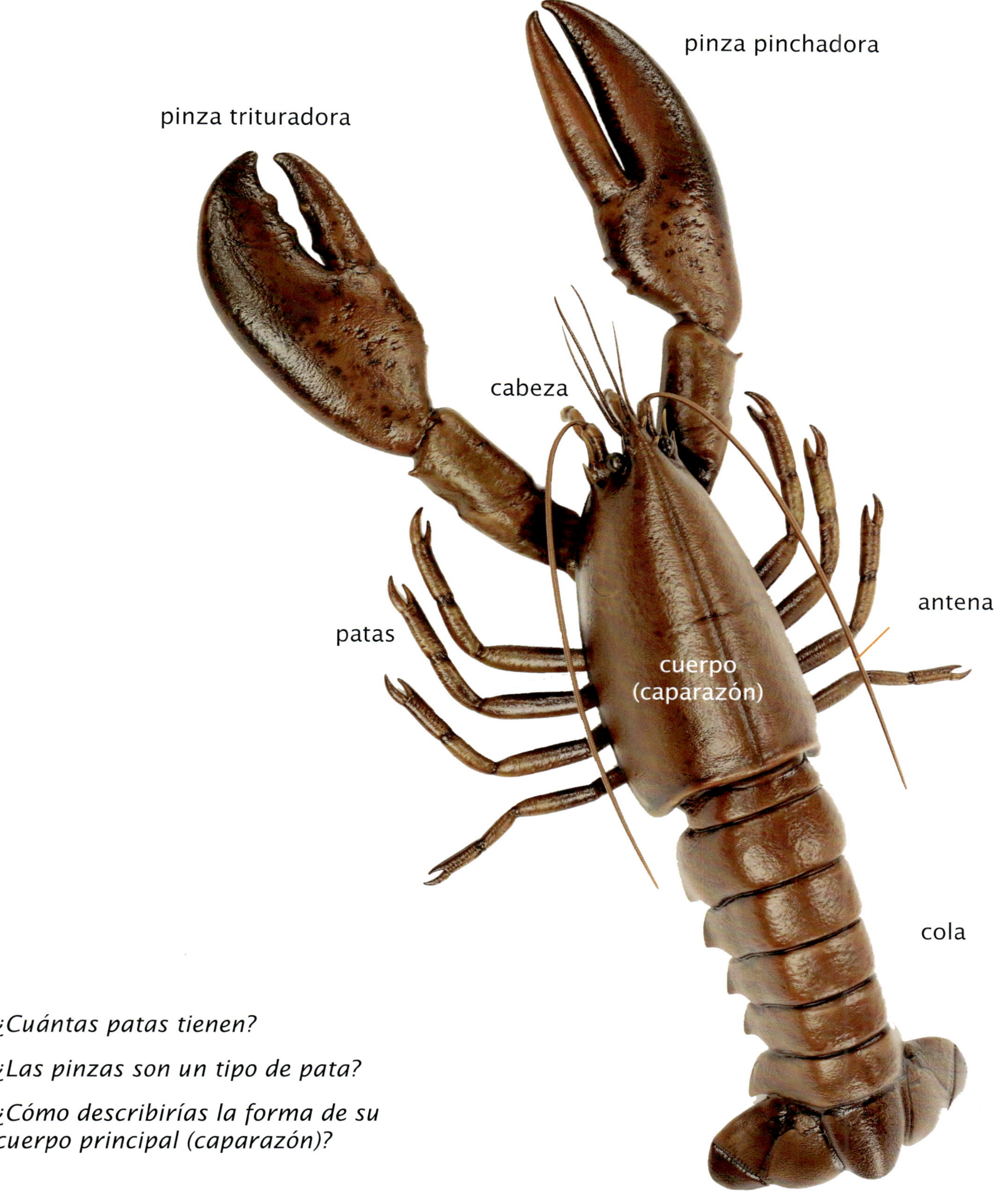

¿Cuántas patas tienen?

¿Las pinzas son un tipo de pata?

¿Cómo describirías la forma de su cuerpo principal (caparazón)?

Clasificando cangrejos y langostas

Dentro del reino animal los animales se dividen inicialmente en phyla. Dentro de cada phylum los animales son clasificados en clases, luego en órdenes, subórdenes, familias y, finalmente, en géneros y especies. Sin importar el idioma que usen los científicos, estos utilizan el género y la especie para identificar a ciertos animales. Esos nombres siempre están en latín.

Veamos cómo se clasifican los cangrejos y las langostas.

Phyla (los tamaños de los animales no son proporcionales)

Vertebrados	Invertebrados				
Cordados	Anélidos	Arthropoda	Cnidaria	Echinodermata	Mollusca

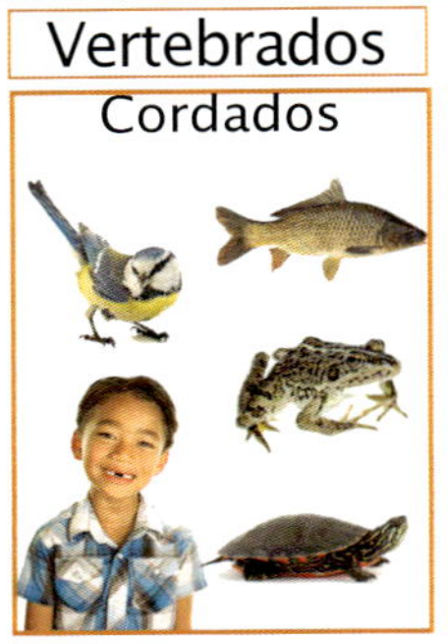   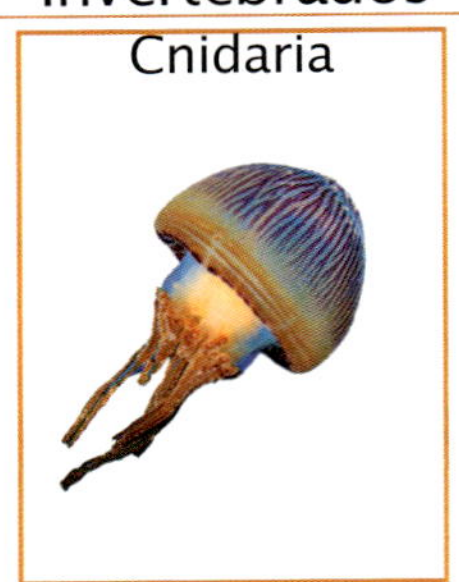  

Puede que ya hayas estudiado y aprendido sobre las cinco clases de animales que tienen columnas vertebrales (vertebrados/cordados): mamíferos, peces, aves, reptiles y anfibios.

¿Sabías que hay más animales en la tierra que NO tienen columna vertebral? A estos se les conoce como invertebrados. Al igual que las cinco clases de vertebrados, el phylum de los invertebrados también está dividido en clases como se muestra más arriba.

Los cangrejos y las langostas (crustáceos) son artrópodos (clase de Arthropda). Otros artrópodos incluyen a la araña (Arachnids), ciempiés y milpiés (Myriapoda) e insectos (Hexapoda).

Artrópodo Subfilo (Clase)

Trilobitomorpha Trilobites Extincto	Crustáceo	Myriapoda	Arácnidos	Hexapoda

Los crustáceos viven principalmente en el agua (acuáticos). Tienen cuerpos segmentados y dos pares de antenas. Cuentan con un esqueleto de concha dura en la parte externa de su cuerpo (exoesqueleto) que mudan por uno nuevo que crece mientras su vida avanza.

Une al artrópodo

¿Puedes identificar cuáles animales pertenecen a las clases de artrópodos? Los animales mostrados no están a la escala de su tamaño.

Arácnido: animales que respiran oxígeno con cuatro pares de patas (arañas y escorpiones)

Crustáceos: animales acuáticos con cuerpos segmentados, antenas y exoesqueleto

Hexápodos: animales con seis patas y que pueden tener alas (insectos).

Miriápodos: animales con cuerpos largos y segmentos similares (ciempiés y milpiés).

escarabajo	araña viuda negra	cangrejo azul	mariposa	ciempiés

libélula	cangrejo violinista	mosca	cangrejo ermitaño	langosta

milpiés	langosta espinosa	camarón	avispa	araña lobo

Nota para los adultos: pídanles a los niños que expresen por qué creen que cada animal pertenece a cada grupo.

Respuestas:
Arácnidos: araña viuda negra, araña y araña lobo
Crustáceos: cangrejo azul, cangrejo violinista, cangrejo ermitaño, langosta, langosta espinosa, camarón
Hexápodos: escarabajo, mariposa, libélula, mosca, avispa
Miriápodos: ciempiés, milpiés

Todas las fotografías son licenciadas mediante Adobe Stock Photos o Shutterstock.

Library of Congress Cataloging-in-Publication Data

Names: Lisi, AnnMarie, 1985- author. | De la Torre, Alejandra, translator.
Title: ¿Cangrejo o langosta? : un libro de comparaciones y contrastes / por
    AnnMarie Lisi ; traducido por Alejandra de la Torre y Javier Camacho
    Miranda.
Other titles: Crab or lobster? Spanish
Description: Mt. Pleasant, SC : Arbordale Publishing, [2024] | Series:
    Comparaciones y contrastes | Includes bibliographical references.
Identifiers: LCCN 2023057894 (print) | LCCN 2023057895 (ebook) | ISBN
    9781638172918 (trade paperback) | ISBN 9781638170099 (ebook) | ISBN
    9781638172994 (adobe pdf) | ISBN 9781638173038 (epub)
Subjects: LCSH: Crabs--Juvenile literature. | Lobsters--Juvenile
    literature. | Decapoda (Crustacea)--Juvenile literature.
Classification: LCC QL444.M33 L56818 2024 (print) | LCC QL444.M33 (ebook)
    | DDC 595.3/86--dc23/eng/20240102

Este libro también está disponible en inglés
English title: Crab or Lobster? A Compare and Contrast Book
English Paperback   9781643519906
PDF   9781638170280
ePub3 9781638170471
Una lectura bilingüe ISBN 9781638170099 está disponible en línea en www.fathomreads.com

Bibliografía:
A-Z-Animals.com. "Animal Classification." A-z-Animals.com, 2018, a-z-animals.com/reference/animal-
    classification/.
"ADW: Arthropoda: CLASSIFICATION." Animaldiversity.org, animaldiversity.org/accounts/Arthropoda/
    classification/#Arthropoda.
"List of Crustaceans | Britannica." Www.britannica.com, www.britannica.com/topic/list-of-crustaceans-2034273.

Derechos de Autor 2024 © por AnnMarie Lisi
Traducido por Alejandra de la Torre y Javier Camacho Miranda

La sección educativa "Para las mentes creativas" puede ser
fotocopiada por el propietario de este libro y por los educadores
para su uso en las aulas de clase.

Impreso en EE. UU.
Este producto se ajusta al CPSIA 2008

Arbordale Publishing
Mt. Pleasant, SC 29464
www.ArbordalePublishing.com